Serial Publication——WINGS & SOUTH

STORY BY
大川七瀬
NANASE OHKAWA

第1巻

RG VEDA

聖伝

阿修羅復活篇

新書館

COMIC BY
もこなあぱぱ
MOKONA APAPA

Publication——WINGS COMICS

PLANNING
CLAMP

PLANNING CLAMP

RG VEDA

聖伝

第一巻

H O S H I G A N A G A R E R U

汝ら、天を滅ぼす『破』と成らん。

CLAMP MEMBERS

Main

STORY
大川七瀬
NANASE OHKAWA

COMIC
もこなあぱぱ
MOKONA APAPA

CLAMP MEMBERS

Book Designer
大川七瀬

Director
もこなあぱぱ

Short Comic
猫井みっく

Art Assistants
猫井みっく
MICK NEKOI
五十嵐さつき
SATSUKI IGARASHI

PLANNING & PRESENTED by

CLAMP

阿修羅復活篇
開闢《かいびゃく》のころ
天と地の間《はざま》はすべて
神々のおさめるところであり
いまだ無力であった人間も
神々の頂点たる天帝《てんてい》のもとに
千篇一律《せんぺんいちりつ》の平和をすごしていた
無辺《むへん》の地は豊かにして千紫万紅《せんしばんこう》に彩《いろど》られ
空は高く澄み
天帝配下　最強無比の闘神《とうしん》・阿修羅一族《あしゅらいちぞく》さえも
戦いを忘れて久しかった
その世界に
突然叢雲《むらくも》がたちこめる
一武将にすぎなかった帝釈天《たいしゃくてん》が謀反《むほん》をおこし
兵を起《た》たせるとともに

王宮内にて
天帝《てんてい》の首級《しゅきゅう》をあげたのである
乱世の始まりであった

聖伝
阿修羅復活篇

九曜《くよう》が逃げた
どんな手を使ったかは知らぬが
この善見城《ぜんみじょう》の水牢《みずろう》に幽閉した
先帝の星見《ほしみ》・九曜が
昨夜逃亡した
九曜様も良くお逃げになる気になられたものだ
三百年前の戦いで
あの守護闘神《しゅごとうしん》・阿修羅王《あしゅらおう》
までもが破れたんだ
その天帝から逃げるなど……
天帝様のことだ
それはそれは酷《こく》な罰をお与えになるぞ
迦楼羅王《かるらおう》もご翔来《しょうらい》か
ヒソ
ヒソ
また美しい女王で……
龍王《りゅうおう》はご欠席か
やはりご病気の噂《うわさ》は
本当のようだな
あそこの跡取《あとと》りは
まだ小童《こわっぱ》だろう

おい！夜叉王《やしゃおう》だ！
ずいぶん 遅いご登城だな 夜叉王 使いの者が時を伝えまちがえたか
申しわけありません
夜叉王はずいぶんご多忙と見える
気に添《そ》わぬ善見城《ぜんみじょう》入りご苦労なことだ

このたびの魔族討伐《まぞくとうばつ》
みごとであったとか
さすが『夜叉一族』
天界きっての戦《いく》上手
夜叉王自慢の『夜摩刀《やまとう》』も
さぞや活躍だったであろうの
おお
そう言えばそなた
逃亡者の九曜とは
古い友人であったな
王宮つきの『星見』で
ありながら
先帝亡き後　三百年間
私に仕《つか》えることを拒《こば》みつづけ
この天界の未来を
見定め導く大役にありながら
それを捨てたおろか者
そなた
殺して来い

お待ちください　天帝！
なんだ？迦楼羅王
は……！
夜叉王と九曜殿はご友人　それをご存知の上でのご命令とあらばあまりに惨《むご》いなさりようではございませぬか
旧知の仲と知ってこそ申しておるのだ
退《さ》がりおれ迦楼羅王　さし出たまねはいたすな
小娘の分際で

退《さ》がれ　夜叉王
九曜のこと
しかと申しつけたぞ
迦楼羅王
そなたも退がれ
これで九曜の件は
片づいたな
毘沙門天《びしゃもんてん》
は……
夜叉王
まこと天帝の命《めい》に
従い　九曜を
殺すつもりでは
あるまいな……
さあな

夜叉王！
九曜
三百年ものあいだ
あの暗い水牢《みずろう》の中で
何を思っていたのか
なぜ　星見を
拒《こば》み続けていたのか
！

朽《く》ちた寺院
待っていました 夜叉王

先の戦で皆　旧知の者は死に私の友人はあなただけになってしまった
天帝は残酷なお方
私が逃げればあなたを差し向けるのはわかっておりました
ここは私が「星見」としての修行をつんだ所縁《ゆかり》の地
昔よくこの地での修行の思い出を聞かせてくれた
ここに来れば会えると思っていた　九曜
どうしてもあなたに伝えなければならないことがあるのですそれまでは生きているつもりでいました
夜叉王

六星流れ落つる
そは天に背く闇星なり
紡《つむ》がれし運命《さだめ》のさきがけに
汝　みずから育《はぐく》むべし
絶えたる血族の指し示すままに
汝　赤児とともに
発ち行かん
善悪定まらずともその赤児
天界の運命の輪を回す
六星集うは　天の取極《しゅきょく》なり

されど闇の御許《みもと》
舞い降りたる者あり
掌中《しょうちゅう》に星の軌道を治め
闇星《あんせい》　天星《てんせい》ともに操る
その者我が『星宿《せいしゅく》』にも
見定めるはかなわず
汝の育みし紅蓮の炎
すべての邪悪を焼きつくし
総じて六星あらゆる他を圧し
制するはあたわず
そして――――
〃汝ら天を滅ぼす『破』と成らん〃

ザしィ
九曜！
ゴボ
ゴボ

私の……星見は……終わりま…した……
"六星"とはなんだ
天を滅ぼす"破"とは？
…わかり…ません…
私が赤児を拾い育てると言うのか？
その赤児……あなたを殺す運命のもとに生まれし者…
私を殺す？
ある方とお約束したのです
私の命つきるまでにあなたにこの星見を伝えると
それが……私にできる最後の…
阿修羅王……

その約束を守るため……
今まで天帝に逆《さか》らい
沈黙を守ってまいりましたが
それも…もう…
…阿修羅王か…?
いいえ!
いいえ
違います!
私を殺す
運命の児《こ》だと
言ったたな
そなたの星見が
正しかったか興味が
あるだろう
その赤児
どこにいる
夜叉王……
北——
幻力《マーヤー》の森

三百年前この世に現れた
不可思議《ふかしぎ》な力に護《まも》られた森
何人《なにびと》も踏み込むことを
拒《こば》み続け
その中心には魔物が
眠るという者もいる……
私を殺すという…
その赤児
見てみたくなった
赤児をそなたの前に
連れて来るまで
生きていろよ!
九曜
夜叉王!!
愛するお方の
最後の望みなればこそ
この命も賭《か》けましょう!
阿修羅王

運命の輪は回り始めてしまいました
阿修羅王……
それにしても
なんと不気味《ぶきみ》な森だ
しかし先ほどから
同じ場所を
たどっているような
迷宮《めいきゅう》!?
誰かの封印《ふういん》か
ザワ
ザワ

夜魔刀《やまとう》を見て退《しりぞ》いた!?

ザザザ
ザザ
ドクン
ドクン
脈打つ鼓動《こどう》
なんだこの木は!?
ドクン
ドクン…
ドクン
この中に
いるのか!?

ゴォォォォ
パ

子供!?
誰だ……

禁を犯し 我が眠りを乱す者
深き眠りの淵《ふち》より 我を呼び醒《さ》ます者よ

おまえは何者だ

ザウ
幻《まぼろし》か……!?
おまえは我が結界《けっかい》を乱《みだ》した
名をなのれ
眠《ねむ》りを破《やぶ》りし者よ
何ゆえ 私の封印に触《ふ》れたのか?

私の名は
夜叉王
おまえを永《なが》き眠りより
解き放つため参《まい》った
私を目覚め
させるとか？
おろかな……
ゴオオオオオオオ…
勇気ある者よ
おまえのおかげで
この世は炎獄《えんごく》となろう
我が名は
阿修羅

この赤児が
阿修羅……
私を殺す子供
三百年間　この森で
眠っていたというのか
我が名は阿修羅

王ーーっ
夜叉王《やしゃおう》ーーっ
お探ししました
こんな所に
いらっしゃるとは
何事だ

村が魔族に襲われています！
結界を張って防戦していますが
いつ破られるか知れません
お戻りください！

ひょい
すまんが
抱いてて
やってくれ
なんですか？
この子は
…
阿修羅《あしゅら》
三百年前に滅んだ最強の
守護闘神《しゅごとうしん》・阿修羅一族《あしゅらいちぞく》の
最後の生き残りだ

えっ!?
落とすなよ!
はいっ!!
九曜《くよう》 すまぬ
赤児《あかご》は必ず そなたのもとに連れて行く
今少し 待っていてくれ
夜叉王 あれを!

化物め！
結界を張って
つっきるぞ！

ポウ
クルルルル…
王！
夜叉王！
ワッ…
若長《わかおさ》！
その子を頼む
はい
西の森まで
結界《けっかい》を広げろ！
ブルルル…!!
すっ…

たたたたたたたっ
おや かわいい子を つれているねぇ
ぽふっ
夜叉王から 預かったんだ!
かわいいなあ
これで 少しは保《も》つだろう
すみません 王 突然 現れて 結界を張るのが 精一杯でした
ここいらの魔物は すべて 滅ぼしたはずなのに まだあんな大物が いたとはな
王がお戻りくださって 本当によかった 我らだけでは 手にあまるものな
ガッ
ブルルル!
ざわざわ
さわがしいな 何事だ?

これは……
どんどん大きくなってゆきます
ドクン
ドクン
中に若長がお連れになった赤児が封じられてしまって
先《さき》ほどから何度も破ろうと試《こころ》みたのですが……
剣《けん》も斧《おの》もこのありさまで
外には魔物……身の危険を察《さっ》して結界を張ったか……

メチメキ…
パァァァァァ
さっきまで赤児だったのにこんなに大きくなるとは
ざわざわ
阿修羅
やしゃあ
う〜ん

なりませぬ
なりませぬ　若長っ
阿修羅族の子を かくまうなど! 天帝の怒りに触れますぞ
天帝とは あの謀《む》反《ほん》人《にん》の 帝釈天《たいしゃくてん》のことか
若は 三百年前の戦いを ご存知ない
雷神《らいじん》帝釈天の 恐ろしさも……
わしら古い者は 皆骨身《ほねみ》にしみて おりますじゃ
先の戦《いくさ》で 天帝を亡《な》きものにしたばかり でなく　その愛娘《まなむすめ》である 吉祥天《きっしょうてん》様を幽閉《ゆうへい》し 軍門に降らぬ者は惨殺《ざんさつ》
守護闘神 阿修羅一族の末路は 若長もご存知でしょう

知っている
生き残ったのは王の妻であり一族の神女《みこ》であった裏切者の舎脂《しゃし》とかいう人界の女ただ一人
今は帝釈の妻におさまっているが……
天帝は己《おの》れに逆らう者を許しませぬ
敵対する者は一族すべて根だやしにする
きゃっきゃっ
阿修羅王はご立派なお方だった
最後まで先帝をお守りなさった
血族すべて惨殺された阿修羅族には同情いたしますが
ぱらり
……
くすくす
くす
それとこれとは話が別でございます
若長は我が夜叉一族の王
軽はずみな行動は困ります
その子をかくまえば
夜叉族に謀反《むほん》の嫌疑《けんぎ》がかけられましょう

若長は夜叉一族を滅ぼすおつもりか!?
ばかなことを!
今の世ではその子は災《わざわ》いの種《たね》にしかなりません
天帝帝釈天に逆らわぬことです 王ならば一族を守ることをお考えください 夜叉王
ならばその子をお捨てください!
阿修羅族が失《うしな》われてから この夜叉族が天界守護の要《かなめ》
こちらへ おいでなさい
?
魔族から人界天界を守ることこそ 我ら夜叉一族の務めなれば

今は戦いにのみ集中してくだされ魔族はひっきりなしに辺境をおびやかしております
殿方にはちょっと無理ですね ほらかわいい
夜叉様ぶきっちょだから
王……この世で天帝帝釈天に逆らって生きてはゆけぬのですぞ
ムッ
結界を見回ってくる
来い 阿修羅
王!!
不吉のしるしじゃ・滅びたはずの一族の子供など!

わぁーーいっ
たたたたたたたた
そこから先へ行ってはだめだぞ結界からはずれる
ガザガサガサ
ガサ
?
ザザザザザザザ…
きゃんっ
大丈夫？大丈夫？
なんだ？
……んだってやしゃぁ——
おなか……すいた……
めこっ
ぽけきゅ!
がくっ

すまんな——
旅の途中で行きだおれちゃってさ——
はい くじゃく"あ——ん"して
あしゅらも"あ——ん"
"孔雀《くじゃく》"とは変わった名だな
"阿修羅"ってのもずいぶん変わってると思うけどな
ぐいっ
ぐいっ
わざわざ禁じられた名をつけるなんてもの好きだな
わお
耳はとんがってるし
瞳は黄金色だし顔立ちだって阿修羅族そのもの
純血の王族だな
これは
……血が濃い

天界人は血族を重んじるから外見上の特徴もはっきりしている
寿命が百年かそこらの人間とちがって三千年は生きるし……長命ででもその分一族の王の世襲《せしゅう》にはうるさい
一族の名を自分の名として継《つ》げるのは王だけだ
まさかこの子が〝阿修羅〟とはねえ
あぐあぐ
こんな子をつれていたら謀反《むほん》の看板かかげて歩いているようなもんだぞ
でも ま
よかったな
九曜の予言の子がこんなにかわいくてまるでこぶたのようだ
なあ 夜叉王
自分を殺す子を育てて楽しいか?
くーちゃんもたべるぅ――っ?
他人の趣味とやかく言わないけどなこの子は不運を招くぞ
この者九曜の星見を知っている
チャ
おまえ
何者だ

やですよ　旦那《だんな》っ
おとなげない
ただの通りすがりの
旅人さっ
ぱたぱた
いていていてっ
紫の瞳は
魔族の証《あかし》し
なのになぜ
天界人しか
入れぬ夜叉族の
結界の
中にいた!?
それはぁ……
ひみつ
でーっす
わたたた
ぱっ
王　大変です！
西の結界が破られました
あーちゃん
なにもしてないよっ
してないよぉうっ
身代わりっ!!

ガチャ
ガチャ
なに?
戦場に阿修羅をつれて行けと?
は…男が出はらってしまえば村には女子供しか残りません
そのような所に災《わざわ》いの種を置いてゆくのは…それにまた結界を張られては危険です
村が内側から木に喰いつぶされる
気味の悪い不吉な子供です
なんのお話してるの?
天帝軍にあの子が発見されたら村はおしまいです!
連れてけばぁ?
夜叉

ざわ…
こんな連中の中に置いといたらもっと危ないかもな——
おまえがいないあいだに捨てられちゃうかもな——殺されちゃったりして…
くすっ
来い阿修羅
たたたたっ

ごちそうさま
でしたっ
孔雀？
今まで
そこにいたのに
こつぜん…
行っちゃった
つまんない
馬を引け！
出陣だ!!
ザワ
ザワ
ザッ
ザザッザッ…
ガシャ
ガシャ

王につづけ!
はあっ!
はいやーーっ
四方に散って
戦え! 来るぞ
ワァァァ…

はあああ……
阿修羅!!

やしゃあ!!
阿修羅
きゃっち
夜叉王!
すとん…
阿修羅を頼む
はいっ!!

やっぱり王は凄《すご》い
いつか俺もあんな剣士になりたいな——
強くなって天界を守るにふさわしい夜叉族の男になるんだ
!
ゴオオオオオ
わあああああ

コオオオオオオオオオ…!
阿修羅っ!!

ムアアオオオオオオ
ゴォォォォォ…!
ギャアアアアア
ゴオオオオオオオ

皆　無事か!?
村でおまえのこと
不吉だとか言ってたけど
俺のこと助けて
くれたもんな
すごいな　おまえ
あ……
阿修羅
やしゃー
おまえは皆とともに
村に帰れ
王はどちらに
行かれるんですか?

ある人との
約束を
果たしに……
ねー やしゃあ
どこ行くのお
おまえに会いたがっている
人のところだ
九曜 私だ
予言の赤児を
つれて来た
九曜……

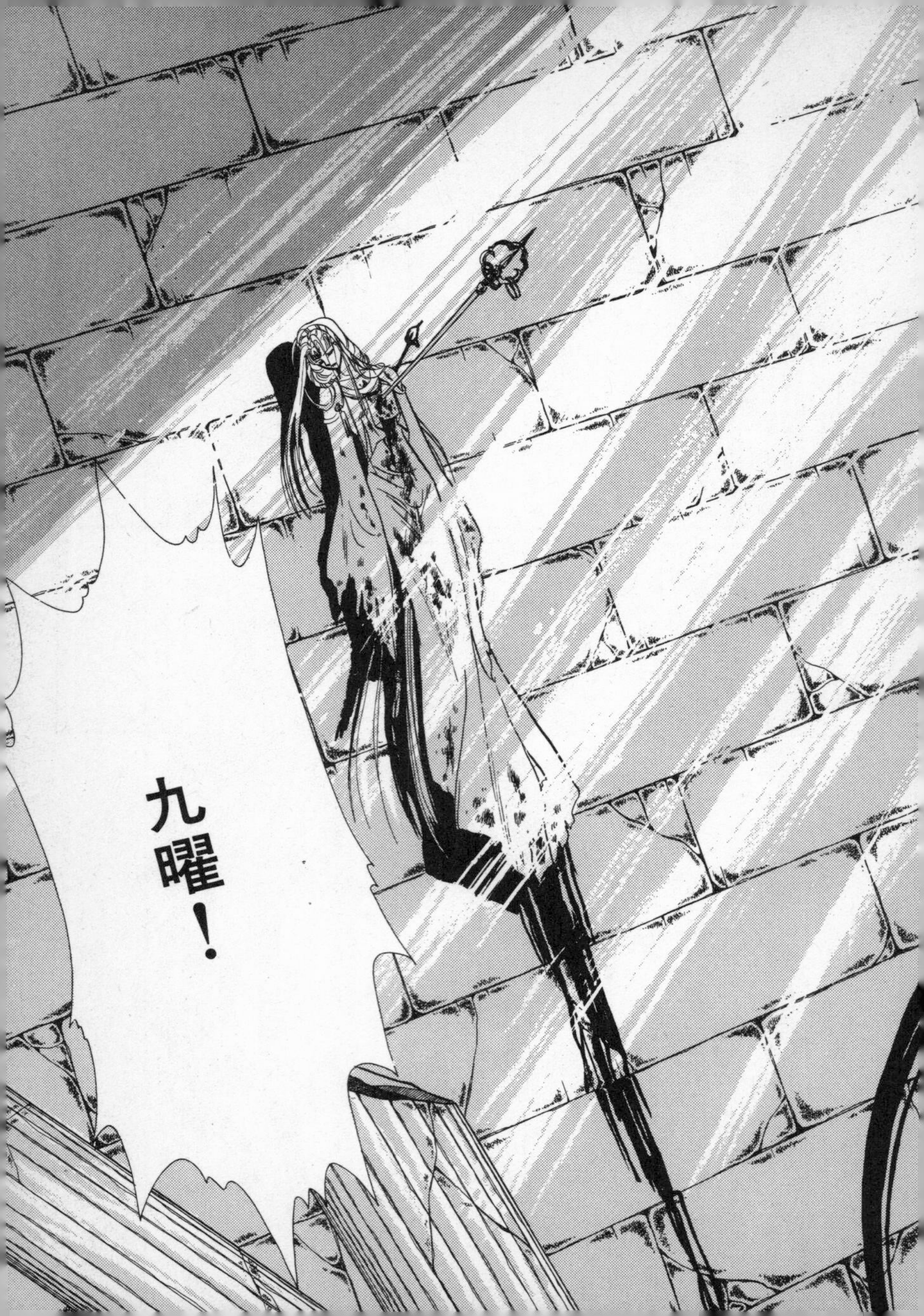
九曜！

夜叉　この人どーしたの？
九曜!!
だから言ったろう
不運を招くと……

貴様が……殺したのか!? 孔雀《くじゃく》!!
ちがう!!
おまえの上官の……知っているだろう?
北方将軍 毘沙門天《びしゃもんてん》だよ
ここが帝釈天《たいしゃくてん》に見つからぬと思っていたのか? のんき者だなぁ――
どうやら本当の謀反人《むほんにん》にされたようだぞ夜叉王《やしゃおう》
九曜《くよう》を狩らず阿修羅《あしゅら》を匿《かくま》えばこうなることはわかっていただろう

見ろ
九曜の予言は成就《じょうじゅ》された
運命《さだめ》の輪は回り始め
この世に地獄がおとずれる

これから阿修羅を連れているかぎり
こんなことは星の数ほどあるだろうよ
パタパタ
だから〝不運を招く〟と言ったんだ
パ
夜叉村の長老の言うとおり捨てとけばよかったのに
……なぜ
九曜が殺されるのを黙って見ていた!?
孔雀!!

なぜ？
なぜ…って関係ないもんあたりまえじゃん
……き
ペロッ
貴様ぁっ!!
ペロ
クッ……
ククククッ
わっ

ちょっとっ
こんなことしている
ヒマないと思うぞ
九曜を討った毘沙門天が
次にどこに向かうか
わからないのか？　夜叉王
黙れっ!!
天帝帝釈天は
逆賊《ぎゃくぞく》に対して容赦《ようしゃ》ない
からな
今頃夜叉族は
……

ククククク
この世の地獄を味わっているだろうよ
だから言ったのだ〝わが眠りを破るな〟……と
阿修羅!
身のほどもわきまえず禁を侵《おか》した代価……
ククククク……
たかくつくぞ夜叉王……

おまえ一人の身に
負《お》いきれればよいがな
阿修羅っ!?
ヒュン
きゃああああ
ヒュン

敵襲──っ！
敵襲──っ!!
火を消せ!!
おいっ！ 敵襲ったって
誰が〝敵〟なんだ？
ありゃあ
天帝軍の軍旗じゃないのか!?
そんなバカな…
じゃ…あれは……

何事じゃ
あああ……
長老様あれを！
帝釈天配下
北方将軍
あれは…
あのお方は

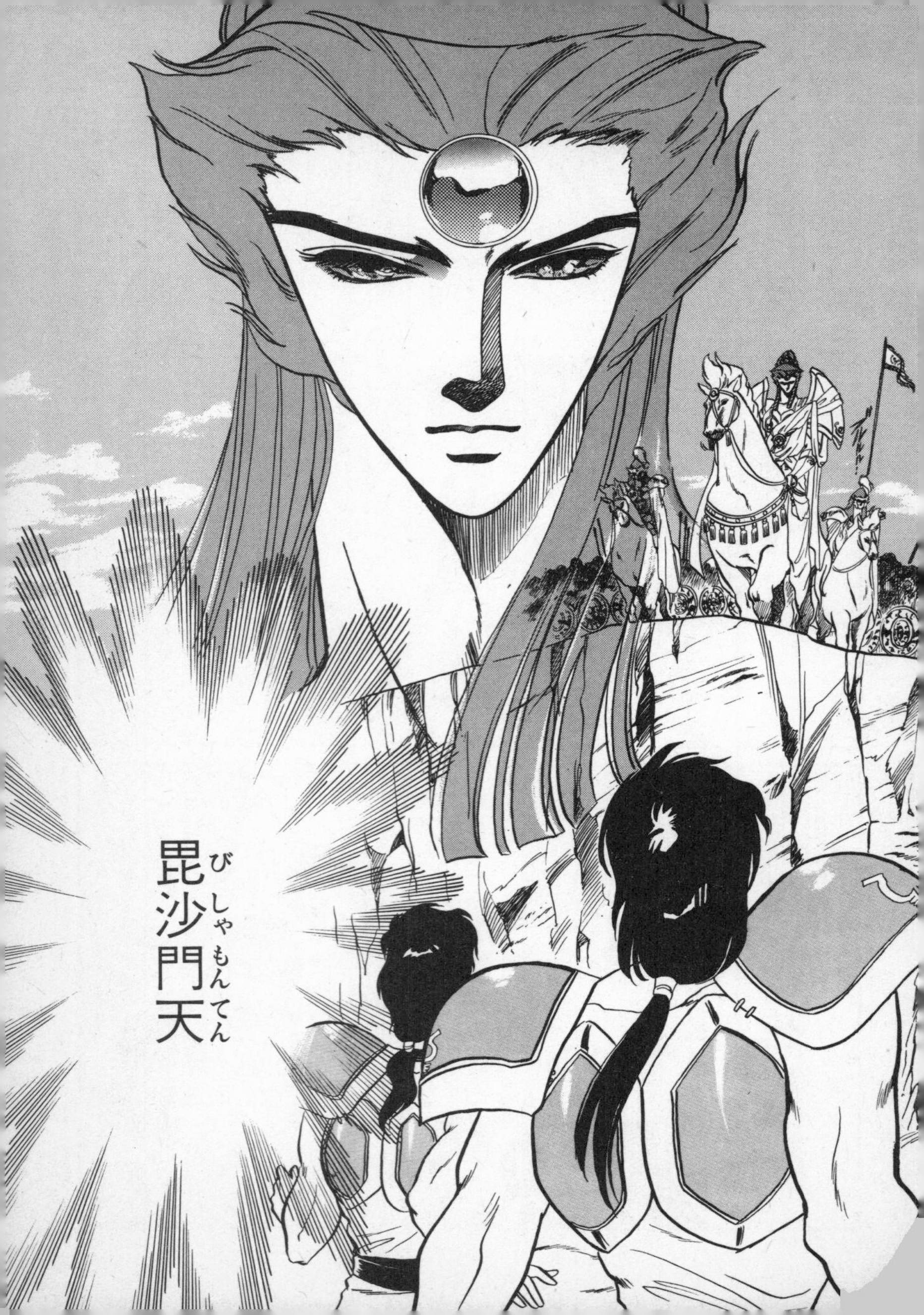

毘沙門天
び
しゃ
もん
てん

おおっ……
なんということだ
どうやら
恐れていたとおり
になった

長老様
四方はすでに
天帝軍に囲まれて
おります

これは王がお連れになった
赤児《あかご》が原因なのですか!?
王はいったい何を
お考えになって
あのような災いの種を
わが一族に持ち
込まれたのですか!?

阿修羅は災いの
種じゃない!
俺を助けて
くれた!!
おまえのよう
な子供に何が
わかる!!
これで俺たちは
逆賊《ぎゃくぞく》として
殺されるんだ!!
静かにせい
理由はどうあれ
我らの王を信じよ
あの阿修羅族の子供を
匿《かくま》った時に
我々の運命も決まったのじゃ

毘沙門天が来たからには
我らの命運もつきた
この上は　命果てるまで
戦うしかない……
よいな
ゴク…
毘沙門天《びしゃもんてん》様
どうやら彼奴等《きやつら》は
抵抗するよう
ですな
それはそうでしょう
彼らとて天界一の
戦《いくさ》上手と謳《うた》われた
夜叉一族ですから
いつもの部族討伐《ぶぞくとうばつ》より
手ごたえはあると
思いますよ
ああそれから
たとえ赤児一人といえど
討《う》ちもらさぬように
のちの禍根《かこん》にならぬとも
かぎりませんから

なんてぇ大軍だ

ザザーザザッ
ひるむな——

映《うつ》るか？
般羅若《はんらにゃ》
はい私の
水鏡《みずかがみ》の力のおよぶ
かぎりは……

始めおったか
いくら少数精鋭を誇《ほこ》る夜叉族でも毘沙門天にはかなうまい
しかし夜叉族は北方将軍毘沙門天様の配下でございましょう
貴重な兵力を失われて北方の守りが手薄にならねば良いのですけれど……
なに案ずることはない他の四天王配下の迦楼羅《かるら》族や龍族にしても同じことだが……
所詮《しょせん》は手足にすぎぬいくらでも代わりはおる
それより気になるのは予言の〝六星〟の出現だ

六星の中核たる阿修羅王の子の封印は夜叉王によって解《と》かれ
天界の運命の輪は回り始めた
本人も知らぬこととはいえ夜叉王が〝六星〟の一人であったとは……
ぬかったわ!
このままでは阿修羅のもとに六星がうちそろってしまう
天を滅ぼす『破』たる六星集《つど》う時余の治世《ちせい》も終わる
それだけはさせぬ!!

この玉座は余のものだ
誰にも渡さぬ
余が天帝であればこそ天界も平安なのだ
世の平和に犠牲《ぎせい》はつきもの
阿修羅族やその他の部族が流した血潮より今の世が生まれたのなら
今さら夜叉族の血《逆賊》が一滴加わったとて大差なかろう
御意《ぎょい》にございます

まだ息のある
者には
とどめを……
それから
このあたり一帯は
焼きはらって
ください
すみしだい
善見城《ぜんみじょう》へ帰投します
はっ!!
天界最強の夜叉族
と言えど……
もろいものですね

地獄だ……

なんでこんなことに
なったんだ!
どうして……っっ
長老様
夜叉族も
終りじゃ……
王にお伝えしてくれ…
生きのびてくだされ…と
ゆめゆめ我らの仇討《あだう》ちなど
お考えめされるな…とな
長老様ーーっ
しっかりしてください
長老様ーーっ!!

ハア…
ハア
ハ…ッ
ガキだぜ
とんとん
ガキでも
夜叉族だ
へへっ
ちがいない

うわあああああ
ああ・・・
ボタボタ
これで五人目だぜ
俺なんか七人やったぞ
うそだ……うそだ!!こんなはずない夜叉族が滅ぶなんて
たすけてください夜叉王！
しかし夜叉族も災難だな王が阿修羅族の赤児を匿《かくま》ったせいで
一族皆殺しの憂目《うきめ》とはあわれなもんだ

阿修羅を匿《かくま》ったから俺たちがこんな目にあうのか？
長老！　これはやはり王があの赤児を匿《かくま》われたのが原因ですか？
王はどういうおつもりで禁である阿修羅族の子をお連れになったのか……
ちがう　ちがうっ!!
夜叉王にはお考えがあったのだ　王が一族を滅ぼすようなことなさるわけがない
ちがいますよね　夜叉王

ちがうと言ってください
夜叉王！
今さら
夜叉村に帰って
どうする
無駄なことはよせ
どうせ滅びる運命《さだめ》だ
言ったろう？
私を目覚めさせれば
この世は炎獄と
なろう……と
そうと知っていて
私を復活させたのであろうが！
身勝手な王に
つきあわされた
夜叉族のあわれなことよな

黙れ
阿修羅
阿修羅！
言われずとも
私は退散してやるさ……
なー夜叉王
行っても無駄だと
あの阿修羅も
言っただろう？
俺は夜叉族の王
一族を最後の一人まで
守るのが務《つと》めだ

夜叉王っ!
カッ
カカッ
どっちにしろ運命は変わらんかあ――
ふー
ぽりぽり
九曜の星見《ほしみ》のとおり……
阿修羅は復活し運命の輪は回る
夜叉族の滅びもその輪の内――

夜叉ぁ
血の臭いがする……
あそこ！
お兄ちゃんだっ
お兄ちゃんっ!!
しっかりして
お兄ちゃん!!
阿修羅？
阿修羅!!!
わっ！

おまえが……っ
おまえさえいなければ
みんな死なずに
すんだのに
おまえのせいだ!!
人殺しっ
返せよ!
みんなを返せよっ
おまえが死ねば
よかったんだ
よせ……
おまえなんか大嫌いだ!

びくっ
しっかりしろ!
ああ……王
夜叉王……
もどられてはなりません
夜叉一族はもう終りです
何!?
どうか…生きのびてください
我らの仇《あだ》討《う》ちなど
お考えめされますな…と
長老様のお言葉……
たしかに伝えましたよ……
王の命令だ
死ぬな!
ご武運を…
…王……
おまえはこの私を
己が一族すら守れなかった
無能な王にするのか!?

守るべき民《たみ》の一人もいない王など……
笑止《しょうし》じゃないか……
おまえのせいだ
おまえのせいでみんな死んだんだ
おまえなんか大嫌いだ

夜叉ぁ……
阿修羅？
あしゅらの……あしゅらのせいなの…かなあ
お兄ちゃんが死んじゃったのもあしゅらのせいなの……かなあ……
おまえのせいじゃないおまえのせいじゃないんだ
おのれ!!

おのれ天帝　帝釈天!!
先の天帝は言うにおよばず
阿修羅族までか
わが夜叉族さえも

血と炎の中に滅ぼされた
わが血族の恨み
この夜叉王　けっして忘れん
天を滅ぼす『破』たる
〝六星〟を集い
天帝・帝釈天を倒す!!

今世に血族もすべて絶え
〝阿修羅〟も〝夜叉〟も
私とおまえのみになって
しまった
私は帝釈天を倒す
旅に出る
だがおまえは
未《いま》だ幼い
ぐすぐす
私とともに行くか？
阿修羅
それとも……
行くっ

夜叉と行くっ
一人ぼっちで夜叉さみしいだろうから
阿修羅 いっしょにいってあげる
ずっとずっといっしょだよ
阿修羅……

運命《さだめ》のままに
阿修羅と夜叉王は
出会い
ガサッ
〝六星〟は集《つど》う
この世の邪悪を焼きつくす
紅蓮の炎か……はたまた
この世を炎獄《えんごく》となす
地獄の業火か……
〝六星〟対
〝天帝〟
運命の輪は
阿修羅の手の内……
はたしてどこへ向かって
回り出したのやら……
おもしろそーだから
当分見てよ──っと!!
グッドアイデーア!!
■阿修羅復活篇／おわり■

聖伝
開闢《かいびゃく》のころ
天と地の間《はざま》はすべて神々のおさめるところであり
いまだ無力であった人間も
神々の頂点たる天帝《てんてい》のもとに
千篇一律《せんぺんいちりつ》の平和をすごしていた
無辺《むへん》の地は豊かにして千紫万紅《せんしばんこう》に彩《いろど》られ
空は高く澄み
天帝配下　最強無比の闘神《とうしん》・阿修羅《あしゅら》　族さえも
戦いを忘れて久しかった
——その世界に突然の叢雲《むらくも》がたちこめる
一武将にすぎなかった帝釈天《たいしゃくてん》が謀反《むほん》をおこし
兵を起《た》たせるとともに王宮内にて
天帝の首級《しゅきゅう》をあげたのである
乱世の始まりであった

聖伝
HOSHI
MATSURI
曐祭
リグ・ヴェーダ

帝釈《たいしゃく》様　これを……
一族すべてを見殺しにした天界最強の武神将《ぶしんしょう》・夜叉王《やしゃおう》と
わが宿敵・阿修羅王《あしゅらおう》の子か……

生きておったとは
夜叉一族の血筋はすべて……
夜叉王は生き残ったがな……あの子とともに
彼奴等《きやつら》いつまでも野放しになさるおつもりではありますまいな
天帝
お申しつけの「歌踊団」吉祥天《きっしょうてん》のもとへ参じる手はずととのえてございます
もうすぐ〝星祭り〟がある 星鏡にてすべての吉凶を占う 吉祥天を崇《あが》めるべく
毎世 催《もよお》される〝尊星王祭《そんせいおうさい》〟
今年も取り行う我が掌中《しょうちゅう》でな
歌踊団はその前夜祭の余興《よきょう》にさし向けた
帝釈様 歌踊団とは？

我が手で葬《ほふ》った先の天帝の愛娘《まなむすめ》への機嫌《きげん》取りだ
生きて…な
ザワ
ザワ
吉祥天には我が陣中にて「生きて」もらわねば困るのだ……
追手か!?
あれ？ あれっ 今そこに誰かいなかった？
夜叉待ってよちゃんといたんだからっ

ねえ夜叉《やしゃ》
あれ何？ きれいだ
歌踊団だ
歌踊？ 何？ 何？
誰!!

技藝《ぎげい》？
こそこそしてないで顔をお見せっ!!
あなたは…

ばしゃばしゃ
えいっ
ころん
何するんだっ!!
ごめんごめん
寝心地《ねごこち》はどうだった?
とおっぜん私の寝床
あけ渡したんだから
よく眠れたはずよね——
つーん
むっ
人の言うことには
ちゃんと答えなさい

ね
あなた
なんて名前？
阿修羅《あしゅら》
か……
からかうんじゃ
ないっ！
むっ
からかってない
阿修羅の名は
“禁戒《きんかい》”なのよ
どこかで
天帝軍の兵士
でも聞いてたら
どうするのっ
でも阿修羅だ
ちゃんと夜叉が
つけてくれた
……
ひとつ聞いて
いい？

あなた
あの人の子供？
………だれの？
そう
ずるずるずるずる
夜叉様
ぴす。
ぷるぷるぷる
あ…夜叉
行くぞ
……阿修羅

待ってっ
宿代《やどだい》は？
言っておくけど金品《きんぴん》じゃ納得しないからね
ちっちっちっ
あなたは私の誘いをうけてこの歌踊団に泊《と》まったわ
たとえ一晩でもともにした〝仲間〟よ
どうしろと言うのだ

ここを出て行くのは
許さないわ
あたしがいいと
言うまでね
遠慮せずに
食べなさい
ガン
ガン
食事
だよっ

この子たちは同じ歌踊団の家族なの
昨夜一晩 同じ屋根の下で眠ったからあなたも〝家族〟よ
ほら
ガタッ
嘘つきなんかに食べさせることないぞ!
〝阿修羅〟だって!? うそつき!
むっ
うそじゃない!

阿修羅一族は全滅したんだぞ
おまけにこの天界一の闘神だったたんだ
おまえみたいなチビが阿修羅なもんか
嘘つきっ!!
ガタ
ガ
やめなさい!
やめなさいっ!
やめろ──っ!!

誰が食事中にケンカしていいいと言ったのっ
だってこいつが……
阿修羅がそう名のったのよ
じゃあたしが"技藝《ぎげい》"っていうのも嘘だって言うの?
う…
ごめんなさいは?
ごめんなさい
"ごめんなさい"は?
ごめんなさいわっっ!?
・・・・・・
ぷいっ

ご……
ごめんなさい
よおーし
あらあら
破いちゃって
ちょっとこっち
いらっしゃい
ほら　こっち来て
気にすることなんて
ないからね
阿修羅って名前
私は好きよ

昔　母さんが話してくれたわ
闇世の魔を封じた闘神・阿修羅王の伝説……
子供心に憧《あこが》れたんだから
阿修羅は何も知らない
阿修羅……
夜叉の村でもずっと〝不吉〟だって言われてたけど
わからない
阿修羅がいたら不幸になるって
みんな死ぬって

それは嘘ね
世の中にいらない人間はいないっていうのは
たしかに嘘よ
なんの役にもたたない奴もいるし悪いことしかできない奴もいるわでも阿修羅はちがう
でもみんな阿修羅なんかいらないいって
どうして？
だって私は幸せだもの
まだ会ったばかりだけど阿修羅といると楽しいわ
阿修羅といると嬉しいわ
ほら ここにちゃんと阿修羅を必要としているものがいるじゃない
あら
ぶんぶんぶん
あたしが信じられないっていうの？

阿修羅って
いい名前よ
私の名前には
負けるけど
ぎげい？
そ 踊りの上手な
神様の名前なん
だって
なかなか怖いもの
知らずでしょ
この歌踊団の
長がつけたんだ
けどね
まさか
おとうさん？
ほらできた
父親なんて十五のとき
この歌踊団に売られて
それっきりよ
きょほほほほ
こっちのほうがずっと
かわいいわ 阿修羅

注文補充カード
書店名
発行所 新書館 (出)3-1-36
コミック
聖伝 ①
著者 CLAMP（クランプ）
ISBN4-403-61218-0 C0079 ¥505E
定価：530円
本体505円＋税
注文数 部
営業☎(03)5970−3840 B6
FAX(03)5970−3847

あたしそこにいたのよ
星祭りの前夜にその年一番の踊り手が舞うわね
六年前は母さんだったの
歌踊団
時あなたを
まさか星祭りの前に会えるなんて思わなかったけど

36 館
著者 CLAMP（クランプ）
伝 ①
03-61218-0 C0079 ¥505E
定価：530円
本体505円＋税
営業☎(03)5970－3840
FAX(03)5970－3847
B6

ガサ
ガサ
ガサ
わっ
わ……
悪かったなっ
技藝を怒らせると怖いからよ
なな
なかよくしてやるぜ
……
げっ
ぐいっ
俺も俺もっ
おまえさあっ
夜叉王って知ってるか？

すごいよな
夜叉王って
言ったら
天界で
一番剣の腕が
立つんだってよ
技藝の想い人
だしな
おもい??
技藝はちっちゃいころ
星祭りで見た夜叉王が
忘れられなくて
ずっと会えるのを
待ってたんだと
会えると
いいよな
大丈夫さあ
今年の星祭り
で踊るのは
技藝だもんな
あなたが誰かも知らなかった……
そばの人にたずねたら
〝夜叉王だ〟と答えてくれた……
それからずっと
好きよ
私はおまえを知らん

そんなこと どーだって いいのよ
あたしね 決めてたのよ もし好きな人が出来たら 迷わず尽くそうってね
母さんみたいには なりたくないから
母さんはね 一番目に好きだった人と そいとげられなくて 二番目に好きな人と 結婚して りっぱに不幸になったの
二番目の男に騙《だま》されて 死ぬまで踊らされて 死んだわ
で あたしは金に困った そいつにこの歌踊団に 売られたってわけ
まよくある話よ
きゃっ きゃっ きゃっ
だから絶対 一番最初に 好きになった人を ずっと想い続けて いようって
一番最初のにしとけば 他の奴とくらべようも ないでしょ
そいつが どんなクズでも あきらめがつくわ

死にたくなくば われらにかまうな
あら すてき
好きな人の ために死ねる なんて……
それこそ 本望《ほんもう》よ
夜叉……
あのね…… 技藝が

いやだ
明日の朝
去るぞ
この歌踊団は
帝釈が吉祥天に
さしむけたものだ
あの娘が
死んでもいいのか
あと一日
あと一日で
いいから……

もっとたくさんよ
阿修羅
明日の星祭りで使うんだから
あのね
なあに？
技藝
夜叉のこと好き？
好きよ
片思いでもいいの
二人分
好きになるから
阿修羅も
大好きよ
たぬきの
子みたいで
ぽん
酒

あははは
怒るとますますたぬきみたい
ぽかぽかぽかっ
たぬきじゃないもんっ!!
たぬきじゃないもんっ
たぬきじゃないもん
ごめんごめん
ぱちん
悪かった悪かったわ
おわびにこれあげる
離れてもあたしのこと忘れないように
ぱちん
上出来
にあう
にあう
といってもあたしが離さないけど

何よ
その子を渡せ
いやよっ!!
さっ

その子は呪《のろ》われた血を引く最後の一人
天帝の命《めい》だ渡せ！
いやよっ
技藝っ
！
何ぼさっとしているのっ
ばかっぼうっとしてないで逃げなさいっ!!

きゃあっ!!
わあっ

ギャああああぁ
阿修羅っ

ぱっ
きゃっ
ドザザッ
阿修羅!!

阿修羅

ちょっと待った！
どこ行くのっ!?
あたしも行くっ
まだ懲《こ》りんのか
あたりまえよっ せっかく想い人に会えたのに
阿修羅とも なかよく なれたのに
絶対追いかけて行くからね！ 明日の星祭りが終ったら
絶対ついていくから！ 女の一念なめんじゃないわよ!!

吉祥天さま
帝釈天から星祭りの祝いにとさし向けられた歌踊団が参っておりますが
この乱世に星祭りなど催《もよお》してなんになろう
先帝は謀反人《むほんにん》に討ちとられ……守護闘神・阿修羅王と
その一族も死に絶《た》え
この身で今世の吉凶を占おうても
せんかたなきことよ

あのチビはどうしたんだ？
行っちゃったんだと技藝が言ってた
なんだせっかく遊んでやろうと思ったのに

なあに
追いかけるわよ
せっかく
見つけたんだもの
ただし
星祭りが終ったらね
あたしが星祭りで
踊るのは母さんの
たったひとつの
願いごと
だったからね
あたしが立派な
踊り手になって
母さんと同じ
この場で踊るのが……
だから今日は
今日だけは
踊らなきゃ
でも終ったら
すぐおっかけて
やるから！

それでもこうして
いると心が和《なご》む
人々が楽しめば
気が晴れる
今宵《こよい》の舞い手は
また格別の名手よのう
キャー
夜叉王は
どこへ
行った!
言えっ!!

……
女
隠すと死ぬことになるぞ
黙って出て来たな
技藝と遊んでて……変な奴らに囲まれてそこからおぼえてない
やっぱり夜叉がやっつけた？
別れは言ったぞ
うそだ知らない
それとも技藝？
技藝強そうだったから

言わぬか！
こなたの兵は誰の許しを得て妾《わらわ》の居城《きょじょう》へやって参ったのか
吉祥天様！
天帝の命《めい》にて参上しました歌踊団の舞い手が……
天帝軍の兵団に包囲されております!!
たたた
決めてたのよ一度惚れた相手には
死んでもつくすって
それにかわいい阿修羅もせっかくなついてくれそうなのに変な奴らに邪魔されるなんてごめんだわ
言え!!

おととい
おいで
技藝……
また会えるよね
追いかけて来るとは
言っていたがな
また会えるよね
だって……

まだ言ってない
これのお礼
会えたら
ちゃんと言わなきゃ
阿修羅も
技藝が好きだって

どこぞに打ち捨てい!!
吉祥様
星祭りを血で汚し あまつさえ あのような若い 娘子《むすめご》を……
帝釈天のなさりよう 目にあまる
あれが世を統治する 神の所業《しょぎょう》か

■星祭／おわり■

非《ひ》天《てん》の炎《ほのお》天《てん》主《しゅ》の雷《いかずち》

開闢《かいびゃく》の頃
天と地の間はすべて神々のおさめるところであり
いまだ無力であった人間も
神々の頂点たる天帝《てんてい》のもとに
千篇《せんぺん》一律《いちりつ》の平和をすごしていた
無辺の地は豊かにして千紫万紅に彩《いろど》られ
空は高く澄み
天帝配下　最強無比の闘神《とうしん》・阿修羅《あしゅら》一族さえも
戦いを忘れて久しかった
天界　いまだ
穏やかなりし折の物語である

王よ
我らが王
阿修羅王《あしゅらおう》よ
この世は今
平和です
我々闘神
阿修羅一族も
今の世では
平和と安定の
ための守護神
でしかない
十二神将の
方々
平和こそ
世の正しい
あり方なの
ですから良い
ではあり
ませんか
戦がないとはいえ辺境では
いまだに魔族が横行して
いるのだ　ゆめゆめ
我らの役目忘れるな
『善見城《ぜんみじょう》』へ参る
供をせい十二神将

でも不思議ねえ
なぜ水中なのにこの城の中に水が入ってこないのかしら
ああ舎脂《しゃし》様たちは人界からおいでになって間もないから
ですから水の司《つかさ》である龍王でさえ入れませぬ
あれは水であって水ではないもの
ここは阿修羅族の結界 幻力《マーヤー》によってささえられた世界です
阿修羅の血を持つ者のみがこの世界にふみ入ることを許される……
そして神女《みこ》様方あなた方のように選ばれ特別に許された者のみがこの城に入れるのですよ
私 最初は天帝様のお城の影が水に映っているものと思っていました それが『阿修羅城《あしゅらじょう》』だとは……
たしかに『影』とも言えますわね この城は……

まさしく表裏一体
天帝のおわす善見城と“対”を成《な》すのです

十二神将
謁見《えっけん》の間へ先に行ってくれ 私はよるところがある
はっ
九曜《くよう》

阿修羅王
このようなところに
足を運ばれずとも
私《わたくし》が……
よい
使いも出さず
いきなり訪ねたのは
私の非だ
九曜 そなたを
困らせるのを
承知で問うても
よいか？
なんなりと……
運命《さだめ》は
変わらぬか…
………
はい

『星宿《せいしゅく》』は変わりません
阿修羅王が私の『星見《ほしみ》』を信じてくださいますのなら
信じぬのならこれほどそなたを困らせたりはせん
しかし九曜出来れば今一度『星見』を請《こ》いたい
御意《ぎょい》

シャラン
ポウ…

六星　流れ落つる　其《そ》は天に背《そむ》く闇星《やみほし》なり
修羅とは　非天
天にあっては天を滅《ほろ》ぼし　地にあっては地を滅ぼす
新たなる天主《てんしゅ》の雷《いかずち》　非天《ひてん》の炎《ほのお》を裂いて世を巡る
炎　燃え落つる時　世は邪悪の揺籃《ようらん》となる
時の輪が巡り　六星集《つど》う
汝が修羅を継《つ》ぐ紅蓮《ぐれん》の炎　すべての邪悪を焼きつくし
総じて天星　あらゆる世を圧し　制するはあたわず
そして　六星
天を滅ぼす『破《は》』と成らん——

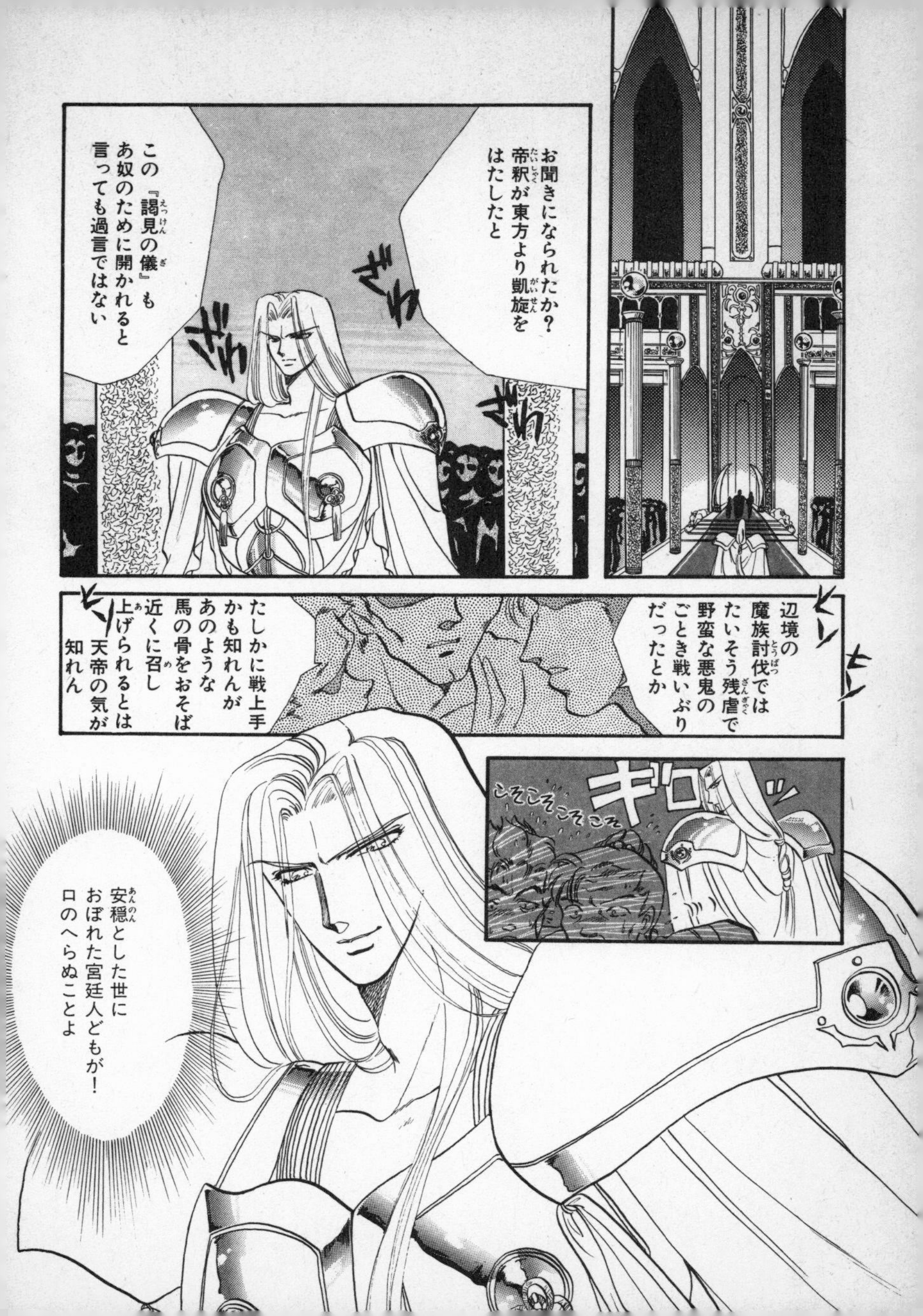
お聞きになられたか？
帝釈《たいしゃく》が東方より凱旋《がいせん》をはたしたと
ざわ
ざわ
ざわ
この『謁見《えっけん》の儀《ぎ》』もあ奴のために開かれると言っても過言ではない
ヒソ
ヒソ
辺境の魔族討伐《とうばつ》ではたいそう残虐《ざんぎゃく》で野蛮な悪鬼のごとき戦いぶりだったとか
ヒソ
たしかに戦上手かも知れんがあのような馬の骨をおそば近くに召《め》し上《あ》げられるとは天帝の気が知れん
ギロッ
こそこそこそこそ
安穏《あんのん》とした世におぼれた宮廷人どもが！口のへらぬことよ

帝釈このたびの討伐ご苦労であった
魔族どもを殲滅《せんめつ》せしめたそなたの剣さぞや雷《いかずち》を操る雷神帝釈天《らいじんたいしゃくてん》の名にふさわしいものであったろう
褒美《ほうび》をとらすゆえ なんなりと申してみよ
は……
ではお言葉に甘えて
そこにおいでの阿修羅王に一手ご指南いただきたく
………
天帝……
おお それはよい 阿修羅王 天界きっての闘神のそなたの剣技 わしもひさびさに見てみたい

阿修羅王にご異存は？
天帝の御意とあらば私に否《いな》やはない
お止めください 父上様！
気にせずともよい 吉祥天《きっしょうてん》 余興じゃ 阿修羅王も良いと申したではないか
王…剣を……
よい
私は
これを……

おお
修羅刀《しゅらとう》を…!
代々阿修羅王のみが
受け継ぐ神刀〝修羅〟を
帝釈ごときに振るわれるのか⁉

参る!!
私ごときに修羅刀をもって応《こた》えてくださるとは光栄しごくにございます
私の力をそれほど認めてくださっているとうぬぼれてもよろしゅうございますか？
天界の守護闘神阿修羅王よ!!

ザザザ
もうおよしになって
おふた方《かた》!
ギィイイイイイイイ
わあっ
ザザザ

十二神将
余興《よきょう》は終りじゃ！
双方退《ひ》けい！
阿修羅王もひかえよ
帝釈　みごとな剣技であった
いずれ阿修羅王につぐ武将となるであろう
これからもはげめよ

阿修羅王
今後もその力
天界のために
ふるうてくれ
しかしめったな
ことで修羅刀を
抜いてくれるな
柱一本ですんだのは
奇跡じゃな
それとも
お主の技量か
……
ともかく
今日のところは
あるじ想いの
十二神将と
ともに退け
はっ
皆も退《ひ》くがよい
謁見は終りじゃ
王…
おケガは……
いや…
ない
!!

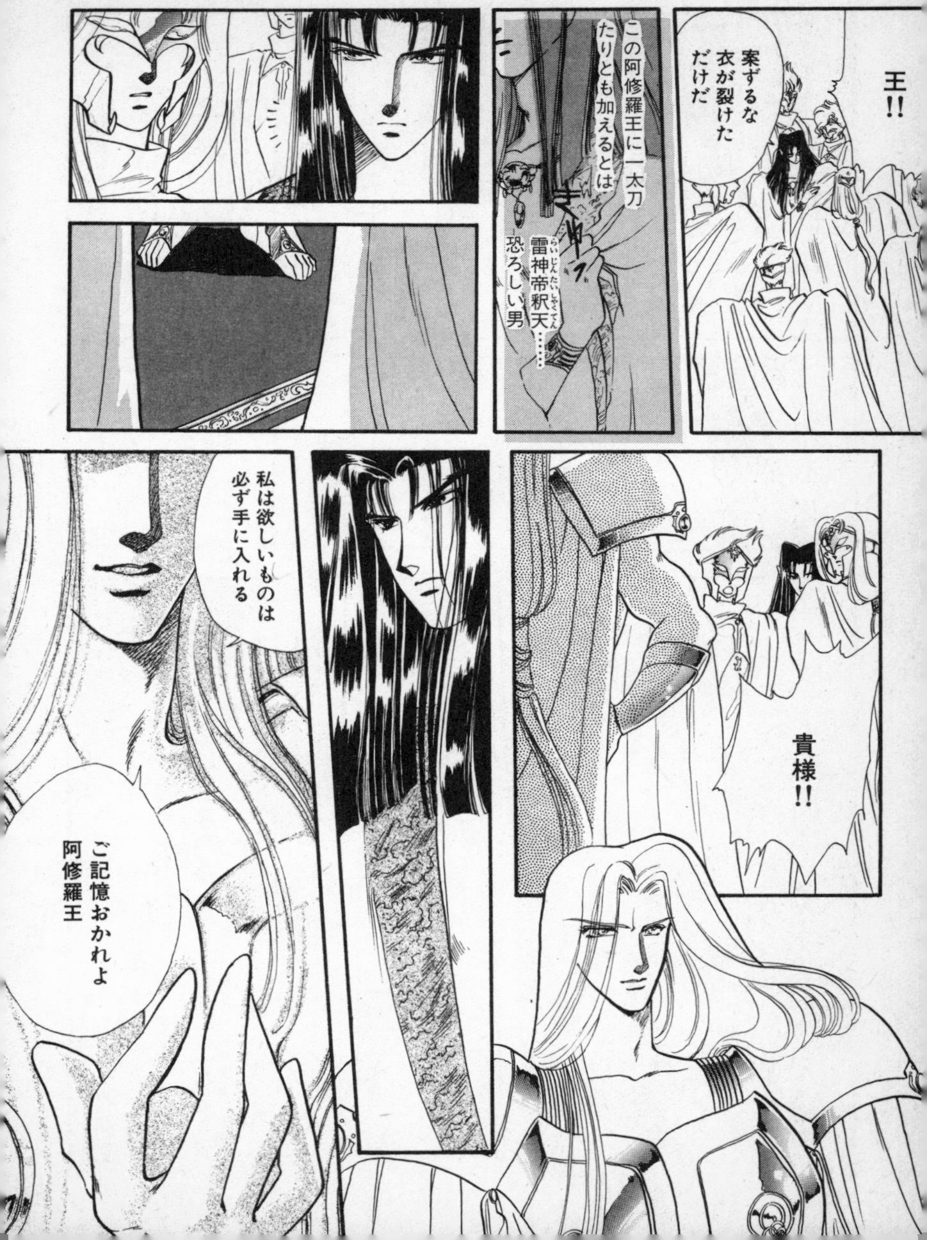
王!!
案ずるな 衣が裂けた だけだ
この阿修羅王に一太刀 たりとも加えるとは
雷神帝釈天《らいじんたいしゃくてん》…… 恐ろしい男
貴様!!
私は欲しいものは 必ず手に入れる
ご記憶おかれよ 阿修羅王

無礼な！
よせ！
よい
捨ておけ
六星　流れ落つる
其《そ》は天に背く　闇星なり

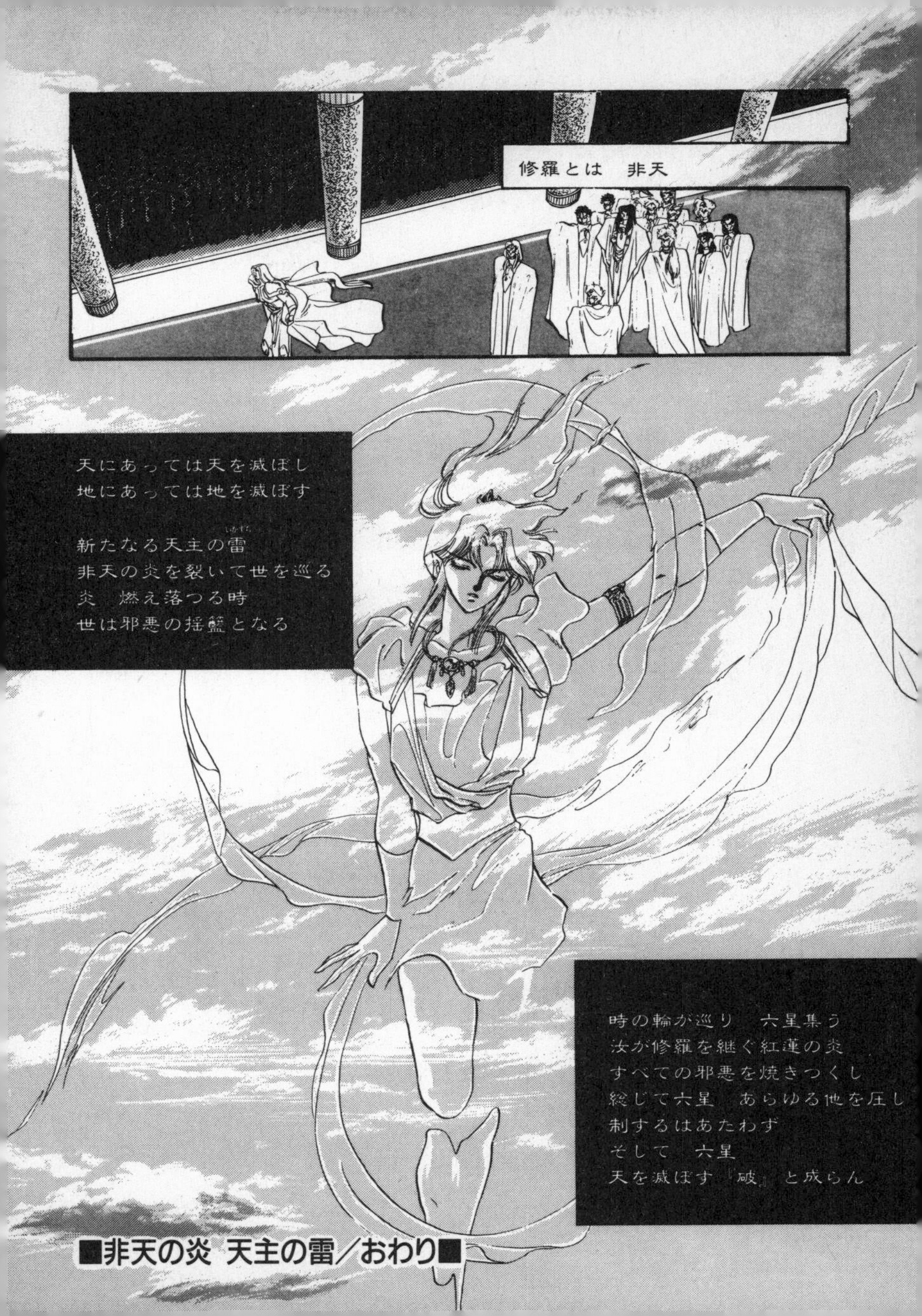
修羅とは　非天
天にあっては天を滅ぼし
地にあっては地を滅ぼす
新たなる天主の雷《いかずち》
非天の炎を裂いて世を巡る
炎　燃え落つる時
世は邪悪の揺籃となる
時の輪が巡り　六星集う
汝が修羅を継ぐ紅蓮の炎
すべての邪悪を焼きつくし
総じて六星　あらゆる他を圧し
制するはあたわず
そして　六星
天を滅ぼす『破』と成らん
■非天の炎 天主の雷／おわり■

聖

伝

夜叉《やしゃ》──!!!
夜摩《やま》天狼剣《てんろうけん》!!
TOMO 道 SHIBI 灯

ゴオオオオオオ

やっぱり夜叉《やしゃ》って強いや!
ぱちぱち
強くなくては夜摩刀《やまとう》は振るえぬのだ
どうして?
夜叉族《やしゃぞく》に伝わる古い言い伝えでな
言い伝え……?

昔から……
夜叉《やしゃ》族に伝わる言い伝えでな
昔　一族の危機に翼を持った人が
天から降りて来て
北の地　暗雲に覆《おお》われし時
天空より黒き翼背に負いし
異形《いぎょう》の者　舞い降り来たる
その者　さまざまな妖《あや》しき術《わざ》もて
夜叉の民を救うも
月が三度巡《めぐ》りし後
一振りの妖刀を示し
夜叉の血族の内　最も剛《つよ》き者のみ
受け継ぐべしと言い置くと
いずこかへ立ち去うた
夜叉《やしゃ》の民　大いなる力を得
富み栄えたり
夜叉《やしゃ》族で一番強い者が
代々受け継《つ》ぐようにと
授《さず》けてくれたのだそうだ
その妖刀　蛍火を発し
一度《ひとたび》夜叉の強者《つわもの》が振るえば
山をも断つ力を現す
――その名〝夜摩刀〟という
以来この刀は夜叉《やしゃ》族で最強を
意味する証《あかし》しになっている……が
ただの伝承《でんしょう》だ　あてにはならんな

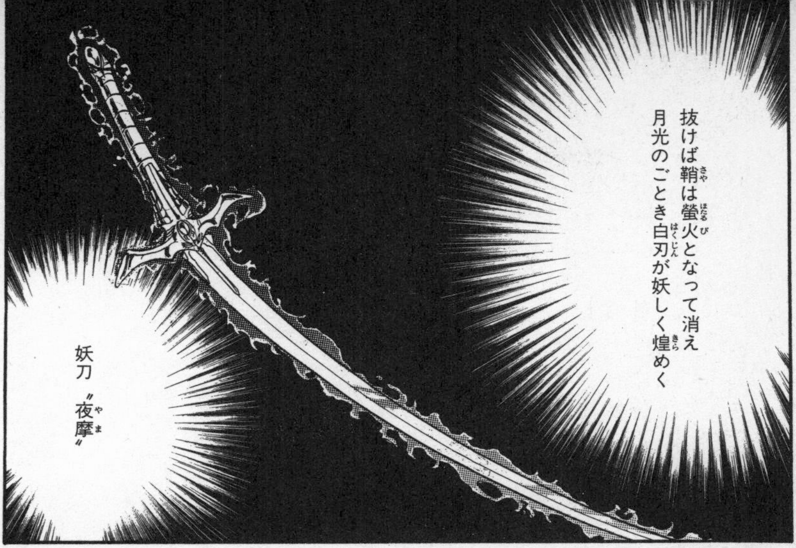
抜けば鞘《さや》は螢火《ほたるび》となって消え
月光のごとき白刃《はくじん》が妖しく煌《きら》めく
妖刀〝夜摩《やま》〟

なぜこの刀だけが幻力の森の結界《けっかい》を解き
封印を破ることができたのか
なぜもう一人の阿修羅《あしゅら》を止めることができたのか
この刀を与えた者は
夜摩刀《やまとう》にこのような特異《とくい》な力があると
知っていたのだろうか?

黒き翼持つ者
……か
いや……
翼の生《は》えた者など
いるわけがない
ただの言い伝えだ
天空に住まう
迦楼羅《かるら》族でも
背に翼など持って
おらんものを……な
阿修羅《あしゅら》
今日はここで休むぞ
え——っ!?
また木の上ぇ——っ
やだな——っ
地上よりは安全だぞ
天帝軍《てんてい》をかわすには
魔物のいる辺境の樹海《じゅかい》
のほうが都合がいいの
だから仕方がない
だろう
阿修羅《あしゅら》また
おっこちちゃうよっ
おまえの寝相《ねぞう》が
悪すぎるのだ
落ちんように
つかまえて
おいて
やるから
ねえ……夜叉《やしゃ》

も一回さっきの
やってみせてよ
光の出るやつ
ポ
ポウ
キレイだねぇ
技藝《ぎげい》みたい
技藝《ぎげい》に初めて
会った時
技藝《ぎげい》がこんなふうに
光って見えたんだよ

うん!!
大好き！
夜叉《やしゃ》の次に好き
お母さん!?
そんなに技藝《ぎげい》が
気にいったか？
技藝《ぎげい》が
お母さんになって
くれればいいのに
どこでそんな言葉
おぼえて来たんだ!?
歌踊団の
子たちが
言ってた
あったかくって優しくて
いつもそばにいてくれる
女の人のこと
〝お母さん〟って
いうんでしょ
阿修羅《あしゅら》も
〝お母さん〟欲しい

"お母さん"とは自分を産んでくれた女の人のことだ
その人しか"お母さん"にはなれないのだぞ
じゃあ技藝《ぎげい》は
"お母さん"にはなれないの？
じゃあ阿修羅《あしゅら》のお母さんは？
どこにいるの？
どうしてそばにいてくれないの？

死んじゃったの……?
いや……
生きている
会いたいか?
会えるの? どこにいるの?
忉利天《とうりてん》にある
天帝《てんてい》が居城《きょじょう》『善見城《ぜんみじょう》』

舍脂《しゃし》……
今は
天帝《てんてい》 帝釈天《たいしゃくてん》の妃
阿修羅王《あしゅらおう》の妻であり
一族の『神女《みこ》』でありながら
帝釈天《たいしゃくてん》と通じ
一族を滅ぼした裏切者
自分の産んだ双児の一人が
阿修羅《あしゅら》族の血を引くと知り
己《おの》が手で我が子を殺そうとした女……
そこに行けば
お母さんに
会えるんだね
だが
それを知れば
阿修羅《あしゅら》は……
そっかー じゃあ
それまで夜叉《やしゃ》が
〝お母さん〟になってよ
何っ!?
くだらんこと言ってないで
子供は早く寝ろ!
ぐりぐり
きゃははは

夜叉《やしゃ》は強いから……
いつかは絶対お母さんに会わせてくれるよね
ああ……
帝釈《たいしゃく》を倒したら……

おまえが望むすべてを
かなえよう
おまえが望むままに
強くなろう
何よりも誰よりも……
この腕の中に眠る
小さな炎ぐらいは守れるように
せめて
この子の長くつらい戦をともす
道灯に——
■道灯／おわり■

いきなり“夜摩《やま》天狼剣《てんろうけん》”!!
聖伝のみなさんのおかげです
まいど！ラーメンお持ちしましたぁ!! 出前持ちの兄ちゃん いせいがいいなあ。
いのしし一頭倒すにも“夜摩天狼剣《やまてんろうけん》”使うなんて夜叉《やしゃ》はいつでも全力投球なんだね
ぱち ぱち
「夜摩天狼剣」…ってラーメン屋さんみたいね…」
これでしばらくは喰《く》うに困らないね
パチ パチ
やめて―
いのしし相手に必殺技を使うことになろうとは……
あ いいもん喰《く》ってんな―
まぜて まぜて♡

くじゃく〜 お前また ただ喰いする気か!
なんだよぉー
なんだあいつらはゆーちょーに飯《めし》なぞ喰《く》いおって!!
こんなん出ましたけど!!
お次はぼたんなべだ いいなー
ぷるぷる
夕食中のようですね
毘沙門天《びしゃもんてん》 六星討伐《ろくせいとうばつ》 ぬかりはなかろうな
おまかせください 帝釈天《たいしゃくてん》様
私にすべて まかせるザンス ミーが必ず 六星を討ち取る ザンスよ
毘沙門天《びしゃもんてん》よ……
私は おまえのような 部下を持って……

鼻 ターカダカ!!
鼻 ターカダカ!!
いつにも増して ハイブロウな二人
鼻 ターカダカ!!
鼻 ターカダカ!!
あ… 私今 すごく すっきりした… 一皮むけた私を見て
では……
吉報を待っておるぞ
天界の夜はふける
樹海の夜もふける
夜叉《やしゃ》はこっち
孔雀《くじゃく》はこっちね
お父さんとお母さんと
〝川〟の字で寝るの
あこがれてたんだ——
せまり来る天帝軍《てんていぐん》!!　忍び寄る〝小姑《こじゅうと》〟毘沙門天《びしゃもんてん》!!
まわりには魔物がいっぱいだ!!
扶養家族を二人もかかえ　夜叉《やしゃ》パパに明日は
あるのか!?　「聖伝」二巻に続く

聖伝海賊版
です
なーんで私が孔雀なのよー
私は幸せ…
CLAMP新聞
海賊版
聖伝
猫井みっく
……
さて初めてこの漫画を
読んでくださった
皆様方のために
CLAMPについて
ご説明いたしますね
CLAMPとは
大阪・京都・滋賀出身の
四人で構成された
企画・制作集団の名称です
ではその四人のメンバーを
ご紹介させて
いただきましょう
おいおい そこまでミエはってい一のか!?
案内人は
私 髪を切った
きゅーてぃ・猫井(笑)(仮名)
です
だって誰もいってくれないもーん
原作及《およ》び進行
そして
企画・レイアウト・他を幅広くこなす
CLAMPのリーダー
大川七瀬です
きゃろーん
大川七瀬《おおかわななせ》
よく『大川さんだけどーして
まともな顔で描かれているんですか
大川さんが
そう描かせているんですか』
と聞かれますが
そーいうわけではありません
特長を強調して描いた
だけです
本当はこーいう風な単純に描いてほしかったんだよ
ふだんはこーいうカッコで仕事をしています

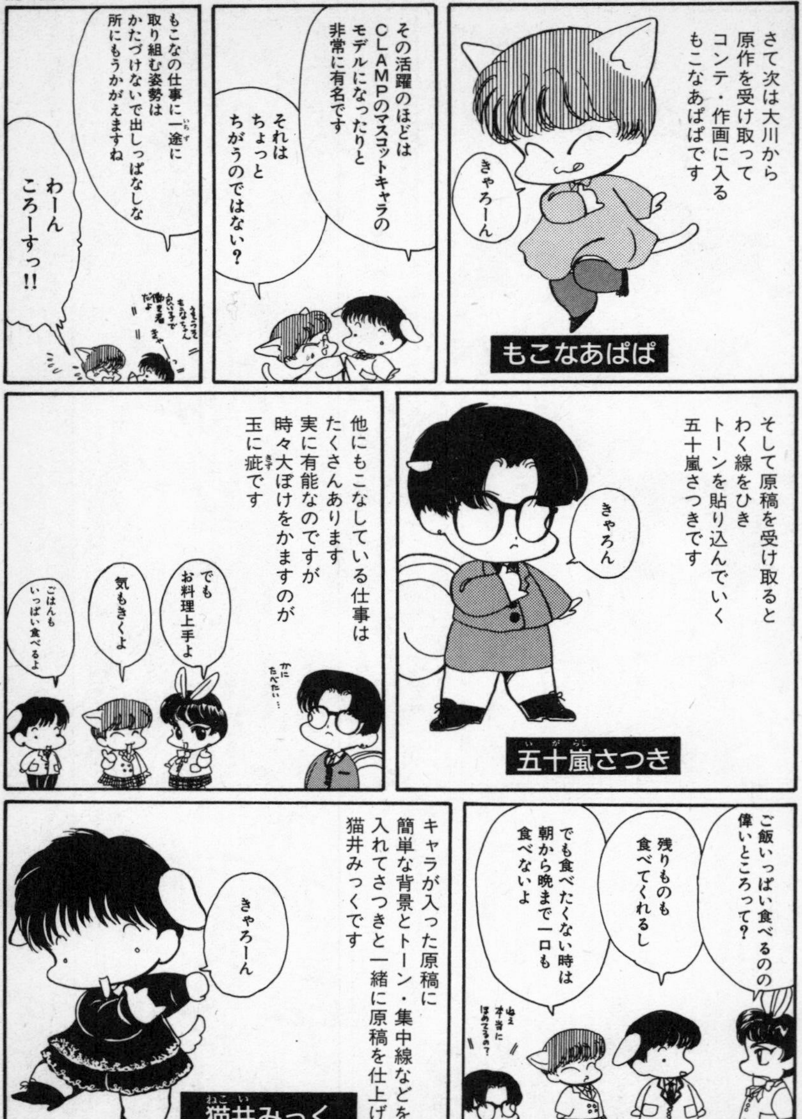
さて次は大川から
原作を受け取って
コンテ・作画に入る
もこなあぱぱです
きゃろーん
もこなあぱぱ
その活躍のほどは
CLAMPのマスコットキャラの
モデルになったりと
非常に有名です
それは
ちょっと
ちがうのではない？
うそうそ
もこなちゃん
良い子で
働き者だよ
きゃー
もこなの仕事に一途《いちず》に
取り組む姿勢は
かたづけないで出しっぱなしな
所にもうかがえますね
わーん
ころーすっ!!
そして原稿を受け取ると
わく線をひき
トーンを貼り込んでいく
五十嵐さつきです
きゃろん
五十嵐《いがらし》さつき
他にもこなしている仕事は
たくさんあります
実に有能なのですが
時々大ぼけをかますのが
玉に疵《きず》です
かに
たべたい…
でも
お料理上手よ
気もきくよ
ごはんも
いっぱい食べるよ
ご飯いっぱい食べるのの
偉いところって？
残りものも
食べてくれるし
でも食べたくない時は
朝から晩まで一口も
食べないよ
ねえ
本当に
ほめてるの？
キャラが入った原稿に
簡単な背景とトーン・集中線などを
入れてさつきと一緒に原稿を仕上げる
猫井みっくです
きゃろーん
猫井《ねこい》みっく

この漫画《CLAMP新聞》みたいなのも描いてます
猫井もいっぱいごはん食べるよ
猫井は三食きっちり食べるよ
なんでご飯の話してんの……
とこのような四人がCLAMPの作品を創作《つく》っています
さてお話が変わりますがCLAMPは先日お引っ越しをいたしました
みんなで東京に出てきてはや三年と七ヵ月くらい引っ越しも五回目ですね
今度のお家《うち》は一階にニワトリがいて午後になるとそれは大きな声で鳴くんです
みんな今回はお部屋のコーディネートに凝《こ》ってみました
私の荷物をどうやって かたづけるか 大変なんですよ。
さっきの部屋って何がどこにあるのか。あれだけの荷物がどうして納るのか不思議なんだもん

今までふとんだったのですが今回はベッドを購入してみました
お部屋の半分はベッドでうまっているけど……
他の家具類にも凝りたいんだけど家具って高いんだよね
私はね 今年はチェスに凝るからチェスボード柄《がら》の小さなテーブルを買ったの可愛いいよ
あとね近所の『すかいらーく』のメニューにも凝っています
いきなり何それ？
『すかいらーく』って好きなものいっぱいありますけどCLAMPのおすすめ『まぐろたたき御飯』『かに御飯』も美味《おい》しいですね
バターコーンもおいしいよー
私はねロッテリアのアイスティーも好き 美味しいよ
近所に割烹《かっぽう》料理屋さんがあるのですがここはとても美味しいんです
でも場所はひみつ
なーんか食べてばっかりい太る――っ
ぽんぽこ
うそうそ
だってー食べるくらいしか楽しみないしー
かた…
突然ですが
大切なお話があります
わっ
ぱかん

皆様もご存知の通り
CLAMPは情報システムとして
『CLAMP研究所』という
情報誌を発行させて
頂いておりましたが
この度1994年4月を
持ちまして終了させて
頂くこととなりました
ニュースや新聞等でも
報道されています通り
郵便料金が改定される事が
正式に決定されました
そうなるとギリギリの金額で
運営している『CLAMP研究所』の
入所費も値上げせざるを得ません
入所費が値上がりしてしまうと
CLAMPの本やCDやビデオ等の
発行物を購入して頂いている
皆様に更に負担がかかる
ようになってしまいます
そこで
『CLAMP研究所』は
'94年4月までは
発行させて頂きますが
それ以降は
閉所させて頂く
こととなりました
1994年4月までの
お申し込み受付は
既に終了させて
頂いております。
ご了承下さい
ませ。
テレフォンサービス
『CLAMP研究所・
秘書室』はいままで通り
続けてまいります
台本
この『CLAMP研究所・
秘書室』だけで
CLAMPの情報を全て
お伝え出来るよう
頑張《がんば》りますので
どうぞ
よろしく
お願い致します

●「阿修羅復活篇」はウィングス'89年9～11月号、「莟祭」はサウス第3号、「非天の炎 天主の雷」はサウス第4号にそれぞれ掲載、「道灯」はこの本のために描き下ろされたものです。

『CLAMP研究所・秘書室』は普通回線を使用しておりますので日本全国どこからでもお聞き頂けます
電話という事でどこよりも早くCLAMPの情報がお聞きになれます
情報は毎月1日と15日の月2回新しいものに変わります
CLAMP研究所・秘書室
03(3496)8311
※電話番号はお間違えのないようお願い致します。
『CLAMP研究所、秘書室』をお聞き頂いた方のみのプレゼント等も実施中《じっしちゅう》です
お楽しみに
この情報システムはCLAMP独自のものです
新書館さんにご迷惑が掛かりますのでお問い合せの電話などなさらないでくださいませ
出番が少ない…
聖伝はまだまだ続きます
皆様に応援していただけましたらCLAMP一同幸せです
おめかし
おーほほほほほ
HAVE A NICE DAY

東京BABYLON 全7巻

日本を霊的に守ってきた陰陽師《おんみょうじ》の頂点に立つ皇《すめらぎ》一族。その十三代目当主である皇昴流《すめらぎすばる》は、その双子の姉の北都《ほくと》、そして謎の多い暗殺集団桜塚護《さくらづかもり》と関わりを持つ桜塚星史郎《さくらづかせいしろう》の二人に助けられながら、魔都・東京の闇に捕われた人々を救おうと戦いつづける――！

A5判　定価各580円（税込）

CLAMPの大好評コミックス――新書館

聖伝 全10巻

RG VEDA

天界が謀反人、帝釈天の手におちて三百年。幻力《マーヤー》の森で眠りつづけた阿修羅の御子を夜叉王は目覚めさせる。自分をいつか殺すはずの予言の子供を――。その時から天界の運命の輪は回り、夜叉王と阿修羅の六星探索の旅が始まった！　壮大なスケールでおくるCLAMPの新しい〈ヴェーダ〉!!

B6判　定価各490円（税込）⑩のみ定価520円